Dieter Chr. Ochs

FUNKENSCHLAG

Liebesgedichte vom ersten Kuss

zum ersten grauen Haar

Dieter Chr. Ochs

FUNKENSCHLAG

Liebesgedichte vom ersten Kuss
zum ersten grauen Haar

Bibliografische Information der Deutschen Nationalbibliothek:
Die Deutsche Nationalbibliothek verzeichnet diese Publikation
in der Deutschen Nationalbibliografie;
detaillierte bibliografische Daten sind im Internet über
dnb.dnb.de abrufbar.

© 2023 Dieter Chr. Ochs
Buchsatz und Covergestaltung: Werner Ochs
Gemälde: Dieter Chr. Ochs

Herstellung und Verlag: BoD – Books on Demand,
Norderstedt

ISBN: 978-3-757-88198-6

VITA

Dieter Chr. Ochs, genau in der Mitte des 20. Jahrhunderts in Lauterbach/Oberhessen geboren ist über 40 Jahre im Gesundheitsdienst in leitenden Funktionen, teilweise als selbständiger Unternehmer tätig gewesen.

Er hat in bisher neun Anthologie-Gedichtbänden mehrerer Buchverlage publiziert, dazu zwei eigene Gedichtbände mit zeit-, berufs- und sozialkritischen Texten und lyrischen Beiträgen und „Klamaukgeschichten" in Tages-, Wochen- oder Fachzeitschriften.

2013 und 2014 Herausgabe zweier Abenteuerreisebücher, die zum Inhalt eine „durchtuckerte" 17000 Kilometer lange Nonstop-Tour durch Europa mit einem Traktor-Bauwagen-Oldtimergespann zum Inhalt hatten.

Von 1988 bis heute ungezählte Dichter- und Autorenlesungen im gesamten Bundesgebiet und in Dänemark.

Er stellt zuweilen hintergründige Texte wissentlich in Vordergründe, die aber nicht immer Abgründe sein müssen.

Außerdem war er einige Jahre bis zu seinem Ruhestand Inhaber und Betreiber einer kleinen Kunstgalerie, sowie

Laudator von Kunstausstellungen in öffentlichen Einrichtungen und Institutionen.

Seit etlichen Jahren hat er sich autodidaktisch neben seiner schriftstellerischen Passion der naiven und abstrakten Malerei verschrieben, wo er bis heute erfolgreich seine Werke öffentlich ausstellen konnte.

Er lebt zufrieden in einem beschaulichen Hugenottendorf am Rande des Reinhardswaldes im nördlichsten Zipfel Hessens mit Ehefrau, Hund, Katzen, Fischen und einer bei ihm seit 58 Jahren lebenden Landschildkröte und freut sich nicht nur über Menschen, die ihm begegnen, sondern auch über Zeitgenossen, die ihm fernbleiben wollen.
Beide Gruppen halten ihn ständig in der Spannung, die er braucht, um neue Texte und Gemälde entwickeln zu können.
Im vorliegenden Buch versucht er aus der Fülle seiner Gedanken und aus der Rückbesinnung eines fast 50 Jahre währenden Ehelebens die Höhen und Tiefen einer nach wie vor innigen Beziehung aufzuzeigen und in ernsten und heiteren Texten wiederzugeben.

VORWORT

Ein wahrer Funkenflug der Gefühle in Worte gefasst.
Gedichte, die die Liebe selbst zu seiner Muse,
Wegbegleiterin und Navigationshilfe nicht immer gut da
stehen lassen...
könnte man meinen und die dennoch oder gerade deshalb,
direkt unter die Haut und ins Herz gehen.

Inspirierend.
Motivierend.
Provozierend.

Manchmal gar etwas harsch und als Liebesgedichte kaum
zu erkennen. Feingefühl und Derbheit liegen eben
manchmal dicht beieinander, bedingen sich, nehmen
Formen an, ganz so, wie es einem Wortakrobaten gebührt!
Und dennoch hat die Liebe, mit all ihren Facetten, immer
wieder ihren Platz! Zeigt sich in berührenden, gar
zärtlichen Worten.
Ohne die oft dazu gehörenden Abgründe ungeschminkt
und ohne Scheu zu verschweigen, aber auch die Liebe für
und zu dem "Anderen und Besonderen!"
Ist er doch selber ein "Solcher!"

Mit der Liebe zu Mensch und Tier, Traktoren, lebensgroßen Schaufensterpuppen, seiner Muse und sich selbst, lädt der Autor ein uns einzulassen, auf die besondere Sichtweise seiner Liebesgedichte.

Johanna Jahnel - Buchautorin

ERSTE BEGEGNUNG

Worte fallen so viel
wie im Schweigen
Lippen tasten Nähe
Kuss legt Wortlust auf Eis

TELEPATHIE

Stell dir vor
Ich schicke dir meine Gedanken
Und du mir die deinen
Dann wären wir ganz schön

Gedanken los.

DREI LEBEN

Was wäre schöner
als drei Leben zu haben ...
Das erste
um Liebe zu finden
Das zweite
um Liebe zu leben
Das dritte
um Liebe zu sein.

FRÜHLINGSANFANG

Morgentaulachen
Goldstrahl fängt Atem
Natur flüstert Farben
singt Frühling.

WALDGANG

Rauschende Bäume
Hand streichelt Hand
Mund flüstert Nähe
Sonne strahlt Glück
Wald singt
Liebe.

WALDNACHT

Dein Lächeln auf meiner Haut
berührt meine Seele
Hände führen meine Gedanken
tasten Nähe
Lippen streicheln Sonnenglück
erzählen von Liebe
Augen versinken in Zärtlichkeit
die Zeit steht still
die Blätter rauschen

Es wird langsam Nacht.

WARTELAND

Wohin du auch gehen wirst
meine Schritte werden dich nicht verfolgen
mein Atem dich nicht berühren.

Ich will deine Freiheit
auch wenn sie mich
käfigt.

Nur das Willkommen deiner Augen
wird mir sagen
dass du nicht über meine Sehnsucht
zurück gekommen bist.

Lass dich mit mir
in unsere Hoffnungswolke fallen.

In deinem Wind
bin ich ein Lindenblatt.

WENN DER NACHTVOGEL SCHWEIGT...

Wenn
unsere brennende Haut kühler
der laute Atem ruhiger
der rasende Pulsschlag langsamer
der Schrei nach Liebe leiser
der umklammernde Kuss zärtlicher
geworden ist
dann sage mir nicht
wir hätten uns gerade
geliebt
denn
wir haben uns nur ein Stück mehr
ineinander
bewegt

wenn der Nachtvogel schweigt
war mein Herz
tief in
dir.

HERZDAME

Sag mir:
Wohin rufe ich deinen Namen?
In den Wind?
Der bläst ihn wieder fort!
In den tiefen See?
Der zieht ihn nur hinab!
In den dunklen Wald?
Da steckt er fest im Unterholz!
Ins Feuer des Kamins?
Da geht er auf in Rauch!
Sag mir:
Wohin rufe ich deinen Namen?
In mein Herz?
In mein Herz!
Und immer tiefer
in mein Herz hinein!!

IN MEINEM DENKEN

In meinem Denken
verbergen sich Gefühle
die meine Hand
den Mußestift erzittern lässt.
Emotionen zersprengen meine Seele.
Die Vielfalt meines Wollens
verdrängt die Rationalität des Alltäglichen.
Hörst du nicht auch
das Beben
meiner Verinnerlichung
das sanfte Rauschen meiner Tagträume?
KOMM ...
und lehne deinen Kopf
an meine Schulter
und lass uns zusammen
auf unsere Seelenreise gehen.
Ertaste mein Fühlen
und öffne mir die Tür zu einer zweiten
großen Reise ...
die Reise
zu DIR.

ERINNERUNG

Meine Uhr
blieb in dir stehen
in mir tickt die Zeit
unserer Stunden.

DU

Was gäbe ich alles her
um dir
jetzt
sagen zu können
wie sehr ich dich liebe ...
Meine Füße?
Nein!
Die sollen mich zu dir tragen.
Meine Arme?
Nein!
Die wollen sich dir entgegen strecken.
Meinen Mund?
Nein!
Den brauche ich um dich zu küssen.
Meine Nase?
Nein!
Die will den Duft deiner Haut einatmen.
Meine Hände?

Nein!
Die möchten deinen Körper streicheln.
Mein Herz?
JA!
Das würde ich dir gerne schenken
wärst du
jetzt
bei mir.

PARKPLATZSPIELE

Erst
Als jemand von außen
vergeblich an die Wagenscheibe klopfte
erst
als das Deutschlandlied verklungen war
Erst
als der letzte Kneipengast
selbstredend
uniformierte Begleitung bekam
Erst
als unser Atemwasser
in der Türablage zusammenlief
wechselten wir die
Stellung
ich ...
spielte von rechts nach links und
du ...
von links nach rechts
„Fang den Hut."

SCHAF IM WOLFSPELZ

Und als der graue Wolf
das zarte zitternde Lämmlein endlich
zu fassen bekam
trug er es behutsam
in seinen Fängen
zu seinem Bau
bedeckte es mit seinem warmen rauen Fell
rieb seinen struppigen Kopf an seinem weißen
Bauch
hüllte es beruhigend in seinem Atem ein
und sprach zu ihm
höre du mein Schäflein
nur dann ist der Wolf dein Feind
wenn die Angst dich besiegt
also sprach er's und fortan sprang das Schaf
glücklich
im wärmenden Wolfspelz
dem nackten grauen Wolf hinterher
dem Leben
entgegen.

TAUSCH

Letzte Nacht
träumte ich deinen Traum
und du den
meinen
als wir erwachten
versprachen wir uns
nie wieder
miteinander zu träumen.

UNGERAHMT

Nie
könnte ich mir
so viele Rahmen kaufen
um all die vielen
schönen Bilder
die ich täglich
von dir einfange
einzurahmen.

Es würde die Rahmen sprengen!

UND DANN KAMST DU

Mit Schatten getanzt
an Kälte gelitten
durch Mondlicht gehetzt
das Leben gesucht.

die Sonne entdeckt
auf Wolken geschwebt
das Licht umarmt
das Leben gespürt.
DICH!

DEINE AUSSTRAHLUNG

Eisblumen
allein
schmolzen nicht
im März
auch ich verlier' an Kälte
schmelze dahin.

VORAUSSCHAUENDER RÜCKBLICK

Du siehst die Krähe im kahlen Geäst
fühlst Schnee auf deiner Haut
schmeckst Eis auf deinen Lippen
hast du vergessen
wie schön der letzte Sommer war
die Drossel im grünen Baum sang
die Sonne deine Haut verwöhnte

mein Kuss auf deinen Lippen brannte.

EISBRECHER

Ein warmes Wort
eine ausgestreckte Hand
hat schon oft
erkaltete Gefühle
zum Erschauern gebracht.

ICH BLEIBE

Du schickst mich fort
ich gehe
komme wieder
und gehe
sogleich aufs Ganze

Du schickst mich fort
ich gehe
komme wieder
und warte

Sogleich
gehst du aufs Ganze

Ich bleibe!

ICH RIECHE SO GERNE...

...den warmen Regen an einem heißen Sommertag
das frisch gemähte Gras
das Fell junger Katzen
die wilde Kamille am Feldrand
die vollreifen Pflaumen in meiner Hand
und
deine zartrosa Haut
wenn sie zittert und
perlt

Ich rieche so gerne

DICH!

KOMPROMISS

Du sagst nein
und meinst ja
du sagst ja
und meinst nein
VIELLEICHT
wär' schon ein Schritt
zu mir
in Hoffnung immer dein.

ERFREULICHE ENTTÄUSCHUNG

In deiner Brust
schlägt dein Herz nur für
mich...
an der Linken
und
an der Rechten
fand ich deine Aussage
schlagkräftig genug
an meinen Lippen.

WENN DU MICH LÄSST

Ich schaue so gerne
in die Sterne
in den gefüllten Bratentopf
auf unsere schlafende Katze
in mein glattrasiertes Gesicht
zu den Schäfchenwolken hinauf
an deinen Beinen empor

wenn
die Sterne verblasst
der Braten verzehrt
die Katze verschwunden
die Stoppeln gewachsen
die Wolken verzogen sind
wenn
du mich lässt
schaue ich morgen
gerne
noch mal
rein.

FALSCHER ANSATZ

Wo ich dachte
ich wäre stark
wusstest du
von meinen Schwächen
wo ich dachte
ich wäre schwach
wusstest du
von meinen Stärken
ich sollte weniger denken
als nur
immer
stark und schwach zu sein.

FINGERSPIELE

Wie doch so ein winziges Stückchen
Haut
das bedeckt
mit der Kuppe meines
Zeigefingers
dich so erregen konnte
dass dein ganzer Körper
spontan
gewaltig zu beben begann
als ich dir
versehentlich
deinen Ohrring ins falsche
Ohrläppchen steckte.

TAUSCH - MANÖVER

Wenn du mit mir
Und ich mit dir
Ganz heiße Küsse tauschtest
So wär' mir dieser Tausch nur recht
Wenn du mich auch berauschtest.

GEFÜHLSCHAOS

Eine Landschaft wollte ich dir malen
die Sterne und den Mond
unseren
Weg durch die Zeit
doch
der Pinsel in meiner Hand
malt ein anderes Bild ...
Farben schlagen wie Blitze ein
tauchen bittersüße kalte Sonnen in
schreiendes Gelb
überdecken die roten Wolken
legen sich schwer aufs Schwarz
der Dornenrosen

Eine Landschaft wollte ich dir malen
unseren
Weg durch die Zeit
doch
malte ich nur
mich

verzeih.

ANNÄHERUNG

Mein Herz verstand
meine Lippen wurden feucht
mein Hals wurde trocken
ein erster Kuss
es könnte sich ausweiten
wenn auch du kommst.

DICHTERLOS

Gern sternenwärts
gefühlsbehaucht
umschreib' ich manche Dinge
doch kommt mein Weib
mir gar zu nah
dann frisst mein Bauch die Sinne.

STRATEGIE

Wenn
ich die Wahl
zwischen
zwei Antworten auf deine
Fragen hätte
würde ich immer mit dem Kopf nicken
um letztlich
erfolglos
zu versuchen
denselben wieder aus der Schlinge
zu ziehen.

FUNKENFLUG

Die Sterne

holte ich dir vom Himmel

schob Sonnenstaub auf deine Krakenlocken

sah Funkelaugens Glühwürmchenblick

dein Regenbogenlachen

den lenzernen Mund

UND?

In mir steht Herbstgeruch

und Asternbusch

in meinem Tagebuch fahlt

vorletzt graugrün

ein düster Blatt spätabendlich

ein Stückchen höher

so weiß ich

röch Waldmeister ich ahnerisch

hätt's auch entschaut

verschmeckt

umleibt

doch fledermäusig duckt mein Schatten steil

sich ins Lückennichts

komm

süße Sternenfee

beschein' mich lenzerlich

ES MUSS WIEDER SOMMERN

DU!

WILLENLOSES FLEISCH

Möcht' mich so gern in dich verbeißen
in deinen Schinken
deinen rosaroten Bauch
möcht' liebend gern an deinen Haxen reißen
doch dein durchwachs'ner Nacken tät es auch.

Wär' auch mit deinen Rippen eng verzahnt
wie herzhaft knabbert' ich an deinen großen Ohr'n
genüsslich, da mich heute niemand mahnt
und fühlt' mich dann so wohl
und gänzlich neu gebor'n.

Könnt' ich dich zart in meine Zähne nehmen
auf meine Zunge
meinen Gaumen butterweich
würd' mich die Gier auf dich nur zähmen
wär' ich schon satt und übervoll zugleich.

Sollt'st du, mein heißgeliebter Braten
noch heute kross
und zart im Küchenofen steh'n
so lass' nicht länger mich jetzt warten
dich aufzufressen wär' so cool und wunderschön.

ERFAHRUNGEN

Nach der schwärzesten Nacht

scheint auch wieder die Sonne.

Die dunkelste Stunde

hat auch nur sechzig Minuten.

Lass uns die Sekunden zählen.

DUNKLE WOLKEN

Weißt du ...
solch dunkle Wolken
wie sie im Herbst
zu jeder Zeit am Himmel stehen
machen mich traurig
sie ängstigen mich
obwohl sie mir kaum
etwas anhaben können
glaubte ich immer ...
sie sollen sich endlich ausregnen
aber nur
über meinem Körper

Weißt du ...

dass ein Regentropfen
angenehm
auf der Haut zu spüren ist
wenn es ein warmer Regen ist

Jedoch ...

schon der kleinste Regentropfen
der kalt vom Himmel fällt
kann die nackte Haut verletzen
ich habe keine Angst
vor einer offenen Wunde
nur davor
dass sie schlecht heilt

hilf mir ...

dass der kalte Regentropfen
neben mir
auf die Erde fällt
sie ist so groß

Weißt du ...

bald
wenn wir zusammen
wieder träumen können
schieben wir die dunklen Wolken
zusammen fort.

FLAUTE

Das
wonach ich suchte fand ich
hätte besser nicht
danach suchen sollen
zu spät
es wieder zu verstecken
kein Raum
den ich nicht kenne
kein Raum
der mich nicht kennt
überall
offene Türen
und ein
eingeschlafener Wind.

FOLGE

Du hast meinem Mund
einen Riegel vorgeschoben
meine Sprechblasen eingesperrt
als du mich fragtest
wo ich hingehe
fiel die Tür grußlos ins Schloss
wenn ich wiederkomme
werde ich nichts
zu sagen haben
auch wenn du mich mit
tausend Fragen
überfällst

Ich habe meine Ohren
schwalldicht gemacht.

FRÜHLINGSERWACHEN

Hör mal wie schön
die Vögel schon wieder
singen
rufe ich ihr im Garten stehend zu
Hättest schon heute Morgen mal
die Wohnung
staubsaugen können gibt sie
volltönend
zurück

Es fängt an zu regnen.

HITPARADE

Zum hundertsten Mal
haben wir
unser Lied gespielt
meine Nadel
kratzt
in deine Rillen

Spuren.

ICH SCHENKE DIR

Ich schenke dir
Keinen Weihnachtsstern zum Fest
Habe dir
Kein neues Kleid gekauft
Kein teures Parfum
Wird unter dem Baum liegen
Und keine kunstvoll eingepackten
Eintrittskarten
Für das Musical im Mai
Ich schenke dir das
Woran ich das ganze Jahr über
Sparen musste
Was über allen Dingen steht
Das Wertvollste
Was ich dir schenken kann
In unserem hektischen Leben

Ich schenke dir...

Zeit

Meine Zeit
Die mir verloren ging mit dir
Als uns der Alltag jagte

Weihnacht...
Höchste Zeit
Dich zu beschenken
Und mich damit.

ALLE TAGE

Was hinter Dir liegt
lass es liegen
was vor Dir liegt
hebe es auf und beginne
den neuen Tag mit einem
Lächeln.

IRRGLAUBE

Glaube nicht
im Leben schon genug
getan zu haben
jede kleine Anstrengung
bringt Dich dem wahren Leben
zurück.

GEWOLLTE PROVOKATION

In der Regel
sind Männer
viel intelligenter als Frauen ...
Wohl kaum ein Mann
würde einer Frau nur deswegen
hinterher rennen
Weil sie einen starken
Oberlippenbart
und
breite Schultern
hat.

JOHN WAYNE IST VERSCHWUNDEN

Nach neun Stunden betriebsamen Lärms
erleichtert
die Taste auf STOPP gedrückt
komm' ich nach Hause
zu dir
erschöpft
den Kopf mit Ballast gefüllt
und ruf' auf der Diele „hallo".

ich brauche Dich jetzt
nur drei Minuten lang ...
Sekunden des Ausatmens
und des Einatmens von Worten
aber DU ...
sitzt mitten drauf
auf dem Rücken des schweißigen Rappen
und hörst nur erschreckt
das Knallen der Revolver
von John Wayne in der Nacht.

hat dich der Knall der Tür
die ich warf
aus der Szene gebracht ?

ich erwache
und sehe dich neben mir liegend
im süßen Traum
meinen Namen rufend.

John Wayne
ist hinter einer Hügelkette
verschwunden.

ich drehe das Radio leise auf
und rufe ganz zärtlich „hallo."

KLARE WORTE

Ein Einsiedlerleben
wäre für mich
jederzeit
vorstellbar
wenn
du mir täglich eine leckere
Kartoffelsuppe
zubereiten würdest.

KRISE

Die Musik
in meinem Leben
bist nach wie vor
DU.
Auch ich will versuchen
dir noch morgen
ein Klartext zu sein.

Wir könnten so gut
miteinander komponieren
wäre da nicht manchmal ein
Orchestergraben.

KURZ VOR DEM EINSCHLAFEN

In zwei Minuten
hast du zerstört
was heute
siebzehn Stunden hielt.

Neben mir liegend
suchst du
wenig später
nach einem kleinen Finger
und findest nur
eine eingeschlafene Hand.

LIEBE IST WIE EIN KARTENSPIEL

Eröffnen

mischen

austeilen

geben

nehmen

bluffen

ablegen

zählen

passen

gewinnen

verlieren

hoffen

Wie gut,
dass es in vielen Situationen einen Joker gibt!

MAIREGEN

Nur dreißig hochlaunige
Atemzüge wolkenauf gehaucht
und zungentrocken
nach dem Aufstand
aus verwälztem Zittergras
fallen Liebestropfen trunken
schwer
auf frisches Waldrandgras
das sich erneut erhebt
nur vom Wind noch bewegt
springen zitternd nass
erfüllt wir
in ein leeres Waldschutzhaus
trocknen sanft unsere Leiber
in uns steht bald
schon wieder Fliederbaum
und Hartriegeltrieb
am feuchtblinden Fenster klebt
Grassamen

ich denke nur mal eben so
an Vögel
ist hier im Wald ein Bedarf
Zu still ...
und verdrückt
verrückt sich das
Grasmückenpaar
im Maischattenriss
von vorhin
nach uns.

MEINE ZUKUNFT

Du kennst
meine Gewohnheiten
meine Launen
meine Zügellosigkeit
meinen Unverstand
meine Zärtlichkeit
meine Sturheit
mein Gesicht
meine Hände
meine Haut
meinen Atem
meine Vergangenheit
meine Zukunft aber
kennst du nicht
und solltest du doch kennen:
DU!

FÜNF VOR SIEBEN

Jeden Morgen schleiche ich mich taumelnd
VOR Dir
aus den Kissen
angespannt mit klebrigen Händen
frühstückend die Tageszeitung studierend
nachdem ich den Katern Gleiches
außer den Todesanzeigen
in halbfester Form zukommen lasse
bis sich die Schlafzimmertür bewegt
und der Hund einen trockenen Platz im Garten
neben der vollen Wäschespinne zum Begießen
der Gänseblümchen gefunden hat
wenn die Spülung rauscht
habe ich noch zweiundzwanzig Minuten Zeit
deinen Tee abkühlen zu lassen
mit drei Teelöffeln Zucker
du verlässt das Bad gähnend
deine achtlos abgestreiften Jeans
von gestern Abend auf der Couch ziehst du
verknautscht mit einem Ruck bis zum Bund
darüber den weinroten Pullover
weißt du wo meine Brille ist

kurz vor Acht
der Hund hat Wasser im Leib
deshalb wirst du ihm gleich mit einem Knall
des schon stumpfen Messers in der Küche
seine Tabletten zerteilen
drei Halbe mit Langzeitwirkung
damit er bis zum Abend nicht mehr lungenhusten
muss
aus dem Kunstdarm
quillt die billige Kalbsleberwurst zu
einem Cocktail gedreht
in deinen Händen
du wirst dir wie gehabt in Windeseile
deine halbe Schnitte mit der Dreivierteltasse Tee
einverleiben
bevor ich sie am Abend mit zwei ertrunkenen
Stubenfliegen in die Spülmaschine stelle
das Brillenputzmittel
steht auch noch auf deinem Platz
wenn ich dir beim Verlassen der Wohnung
aus dem Korridor zurufe
dass auf Seite zwo im Lokalteil der heutigen
Kolumne
vom Frühstücksgenuss zu Zweit
berichtet wird

der Nachrichtensprecher verspricht Besserung
dem Regen soll leichter Hagel folgen
so liebe ich dich
seit siebenundvierzig Jahren

es wird wieder ein harter Tag.

NÄCHSTE LIEBE

Ich liebe den Regen
solange
ich nicht nass werde
Ich liebe die Sonne
solange
mich ihr Strahl nicht verbrennt
Ich liebe den Wind
solange
er mich nicht umbläst
Ich liebe die Nacht
solange
sie mich nicht in ihren Albträumen einfängt
Ich liebe die Natur
solange
sie mich meinen Lebenshauch atmen lässt
Ich liebe die Liebe
solange
wie ich begreife
dass die Liebe über allem steht
Ich werde weiter lieben
solange ich lebe.

RUF

Worte spei ich
sonntags
werktags
bäuchlings
nachts
schrei in die Dämmerung
mein Krähenlied
doch die Taube fliegt davon.

RUSSISCH BROT

Als du mir
damals
in der Mitte
unserer Beziehung einen
Buchstaben
nach dem anderen
in den Mund schobst nachdem
wir sinnige Worte
dicht
zusammengedrängt auf
der Bettdecke
ausgebreitet hatten
sitzen wir uns
heute
erstaunt über ausweichliche
Einsparungen am Tisch
gegenüber
und finden kein „i" im
Wort L-E-B-E
sag
was hat uns nur so
reduziert.

SCHMERZ

Habe versucht
dir
nicht weh zu tun
hast versucht
mir
nicht weh zu tun
Was tut das weh!

STREICHEL - BARRIEREN

Weil unsere Verbindungsstrassen
mit Sprechsperren verstellt
unsere Verbindungstüren
mit Fußangeln verschlossen waren
sind wir
um wieder einander zu kreuzen
jeder einen anderen Weg gegangen
ICH
dir quer durch deinen Kopf
DU
mir längst durch meinen Kopf
dabei ließen wir jeder
den Pflasterstein fallen
wollten die Risse auf unserer Kreuzung
mit Liebe füllen

Hätten wir's nur mit unseren Händen versucht
Die Steine hätten gesungen...

SCHMERZ DER WAHRHEIT

Wie ein Blitz aus heiterem Himmel
hat mich dein Briefchen überrascht ...
aus allen Wolken fallend
lese ich
himmelschreiend
deine offenen Worte
die mich schmerzen
sehe ich
atemringend
meinen Erdrutsch
schicke dich
und deine Zeilen
auf den Mond
weiß der Kuckuck
warum
ich annahm
ich hätte den Himmel auf Erden.

SEELENSCHERBEN

Spieglein, Spieglein an der Wand...
Blickst in ein antlitzernes
Furchengramgespinst
Verzogen
Blind schon...
Braune Fliegenscheisse
Hält den grauen Staub flächig
Bindet oberflächlich wirre
Maskenhaut
Unterflächlich brodeln
Schaumgefühle ...
Was hält mich noch in dir ?
Trotzig, diffus, graufleckig
Gesichtslos zerrahmt zu einem minenlosen
Sumpfgepfuhle
Mein Blick
Mein Augenblick
In mich und ...dich verkrallt
Augen hitzefiebernd suchen

Starren rot verengt zerquollen

Brennen tränend letzte Glänze fort

Tasten Spur für Spur

Erinnerung hinein

Suchen hinter glasfassadigen Glattflüchtigkeiten

Den Hungerturm

Der geschwürig frei von Magendrücken

Horizontisch sehend macht zugleich

Dreidimensional entrückt

Oder

Gerade dabei

Ich bin's !

Was soll's !

Es sei !

Die Nase platt geheftet

Stier um stier zerrinnend draufgepresst

Fälteln Ungutssorgen ein

Kretingeflecht

Auf hohle Wangen

Kalt im Spiegel

Zittrig welken weiße Hände

Fäustig angespannt...

Spieglein...Zerrspiegel
Wahrer...einziger
Gib mir mein vertrautes Gesicht zurück
Ich zerstäube in deinem Spiegelbild
Und bin mir weder Freund noch Feind
Und war ich's doch
Ja...ICH
So sahst du nur sekundenlang
Ein paar zersprung'ne Seelenscherben
Und glaubtest meinem Spiegelbild
Fast
blind...

TEPPICHKALEIDOSKOP

Die Muster auf dem Teppich
sind immer die gleichen
die Muster auf dem Teppich
die deine Schritte hinterlassen
ergeben stündlich
ein neues Bild
Bilder deiner Lebendigkeit
deiner Launen
deiner Sprunghaftigkeit
deiner Unrast
deiner gesamten Emotionalität
Füße verraten viel
pass auf wie du schreitest
ein Muster der Ruhe sind deine Schritte
nicht.

UNENDLICH TRAURIG

Ich weiß nicht
wann es das letzte Mal war
als du sagtest
ich schaue so gerne
in deine lachenden Augen.

Ich weiß es nicht mehr!

Ich weiß nur noch
von deinen Blicken
gestern war es erst
als du
unendlich traurig
in meine fragenden Augen schautest
die dir sagten:
Warum?

UNGLEICHKLANG

Wenn ich links höre
siehst du nach rechts
wenn ich oben sage
schaust du nach unten
wenn ich satt bin
gibst du mir noch mehr
wenn ich schlafen gehe
stehst du auf
wenn das mal gut geht
frage ich mich
wenn du
schweigst.

VERSTÄNDIGUNG

Du sagst
ich verstehe dich
und bist nur meinen Worten gefolgt
Du sagst
ich kann es dir nachfühlen
und warst selbst noch nie in dieser Lage
Du sagst
das sehe ich auch so
und richtest deine Augen auf den Fussel auf
deinem Rock
Du sagst
das ist schon in Ordnung
und schaust mich gequält an

Wenn ich dir sage
es ginge mir gut
fehlten
auch mir oft die Worte.

UNSINNSGEDICHT

Ich liebe dich von ganzer Milz
sie klopft mir oft bis zu den Ohren
trägst du auch fußwärts deinen Pilz
und an den Lippen Herpessporen.

Die Leber wird mir manchmal schwer
weil Tag und Nacht du in mir bist
mein Dickdarm bleibt vor Liebe leer
wenn du mir heiß die Nieren küsst.

Ich pfeif' dann oft auf halber Galle
mein Nasenflügel liegt im Kampf
und über meiner Gürtelschnalle
bewegt die Kopfhaut sich im Krampf.

Will dich trotz allem hüftwärts lieben
auch wenn mein Fuß ganz derb schon juckt
wenn sich nur uns're Hintern rieben
und ich dies Verschen ausgespuckt.

Auch ja mein Wirbelchen mein krummes
ich liebe dich vom Knie zur Scheibe
auch wenn mein Herz dir schreibt viel Dummes
ist's besser wenn ich Klartext schreibe.

So nimm mich an mitsamt der Lunge
erhöre mein' Verdauungstrakt
ich trag die Fersen auf der Zunge
und DU... du hast mich nun fast nackt.

VERGEBLICHER VERSUCH

So oft
wir uns auch in den Arm nahmen
und unsere Wangen sich berührten
so oft
sahen wir aneinander vorbei
und bekamen
unsere Zungen nicht zu fassen.

WEGE

Sie gingen gemeinsam
durchs Leben...
Jeder auf seinem Weg

WENN ICH...

ein Fernsehpfarrer wäre
würde ich dir täglich
das Wort
zum Sonntag
lesen
und garantiert
von Montag bis Samstag
in
die Röhre
gucken.

BETRACHTUNGSWEISEN

Mein Mund der hängt an deinen Lippen
In meinem Kopf bist nur noch du
Du ziehst beherzt die Liebesstrippen
Und ich verlier' mich immerzu.

Mein Blick der klebt an deinen Beinen
Die Ohren werd'n vom Süßholz lang
Verfang mich oft in deinen Leinen
In Liebeslust und Hochgesang.

Ich liebe dich mit Leib und Seele
Du gehst mir unter meine Haut
Ganz trocken wird mir oft die Kehle
Mein Herz zum Hals schlägt mächtig laut.

Und wenn du mich nicht küssen magst
geht mir das ziemlich an die Nieren
An meiner Ungeduld du nagst
Und ich fang' an dich anzustieren.

ABEND WIEDER

Ich liege matt auf dem Bauch
auf dem Sofa
der Sturm trägt die Hagelkörner
in die letzte Ritze
meiner Gedanken
wenn doch jetzt Stille wäre
das Bild wird körnig
verschwimmt
du lachst schallend über die Szene
in dem Zeichentrickfilm
gießt dir das Glas wieder voll
stößt mich an
ich fühle deine Hände
die zufällig
über meine Schultern gleiten
und denke an früher
wie selten
wir doch zueinander finden
sogar bei schlechtem Wetter
ist Donald Duck der
stärkere
Mann.

AM ENDE DES TUNNELS

Mal mir die Leere
zeig mir das Nichts
teil mir die Stille
abseits der Zeit
Ausschau nach Leben
unterwegs
bis zuletzt
ohne Schatten.

AUFGEFANGEN

Sehr viele Worte
warfst du mir gestern zu
ich fing sie auf
wollte sie festhalten
mich daran festbeißen
doch plötzlich
fehlten sie mir
nur ein Wortpflaster
ganz hinten in meinem Kopf
erinnert mich heute
an gestern
und unseren Verlust.

AUSSICHTEN

Stell dir vor
es wäre immer
Sommer
auf was solltest du dich
dann noch freuen ?

Stell dir vor
es wäre immer
Sonntag ...

Stell dir vor
die Liebe wäre alltäglich ...

Stell dir vor
es wäre
immer alles

immer.

BITTERER ABEND

Suchte dich bei den Sternen
doch ich war nicht schwindelfrei
Suchte dich in den Fluten
doch das Wasser stand zu hoch in mir
Suchte dich auf der Erde
doch meine Füße trugen mich nicht mehr.

Morgen will ich Feuer suchen
um mit dem Rauch

aufzugehen.

DAS LETZTE WORT

Aus einem Blick ein Wort
ein Gespräch
eine heiße Diskussion
und danach...
nichts
als eisiges Schweigen
nichts
das wärmt
und tröstet
nichts
als Blicke
und Angst
vor
dem
nächsten
Wort

DEINE STIMME...

betörend
stimulierend
einschmeichelnd
warm
wie eine Sommernacht
an einem stillen kleinen See.

Deine Stimme
fordernd
diktierend
keifend
grell
wie ein Blitz
der durch die grauen Wolken zuckt.

Deine Stimme
süße Melodie
und Platzkonzert zugleich...

Verstehe nicht viel von Musik
aber sie enthält
die ganze Bandbreite
einer überlangen Arie

Deine Stimme.

EIN JAHR WEITER

Manchmal
Denke ich an unseren großen
Weiten Hanggarten
In dem wir nach Feierabend
Gemütlich
Auf der weiß gestrichenen
Gusseisernen Gartenbank sitzend
Inmitten der Schwarzdornhecke
In kurzen Hosen
Einen kühlen Holunderblütenwein
Trinken wollten.

Jetzt
Sitzen wir schon wieder
Vor den glühenden Scheiten
Und nehmen uns
Glühwein trinkend vor
Was im nächsten Frühling
Auch nicht sein wird.

Ich lasse die Rollos herunter
Und höre im Radio die letzten
Töne von Max Raabes Lied :

Irgendwie
Irgendwo
Irgendwann.

WUNSCH-LOS

Ich wär' so gern'

der Henkel deiner Tasse

die Krone deines Eckzahns

der Träger deines T-Shirts

das Piercing deiner Zungenspitze

das Blasenpflaster deiner Ferse

der Saum deines Rockes

der Absatz deiner Schuhe

die Sehnsucht deines Herzens

doch nie die letzte Niete

an deinen Bluejeans.

EXTREME

Wir
erlebten die Liebe ...
ICH
für immer dein
DU
dich selbst.

LIEBES GEDICHT

Ich liebe dich so!
Ohne zu zögern
würde ich dir alles geben
den letzten losen Knopf an meiner Hose
die dünnen weißen Haare in meiner Bürste
den schwersten Sandstein von meiner
Bruchsteinmauer
den kürzesten Schuhlöffel aus meiner Sammlung
die oberste Kachel von meinem Kamin
den längsten Bandwurm in meinem Leib
Ich würde dir ohne Bedenken
die nasseste Wolke aus meinen Träumen schenken
und meine ungeputzten Schuhe dazu
denn
Ich liebe dich so!

AUGENSCHEINLICH

Damals
warf ich ein Auge auf dich
liebäugelte
mit dir augenblicklich
du verschlangst mich mit
deinen Augen
nahmst mich näher in Augenschein
und siehst mich
heute
mit ganz anderen Augen an.

Das könnte ins Auge gehen!

ANREDE

Mutti

rief ich dich nie

dein Name

war mir genug

ihn in mir zu spüren.

GEZEITEN

Wir sprachen miteinander

wie Mann und Frau

so miteinander sprechen.

Wir lachten miteinander

wie Mann und Frau

so miteinander lachen.

Wir lebten miteinander

wie Mann und Frau

so miteinander leben

und warten noch heute

auf unsere

Flut.

HERBSTLICHT

Dein Gesicht
und
mein Gesicht...
Lauf der Lebensjahre
Nicht eine Falte
möchte ich missen
schaue ich doch
auf zwei Leben
im Licht.

IM KRANKENHAUS

Stille...
Nacht, die mich umfängt
Allein...
von meinen Gedanken begleitet
Klar...
sehen meine trüb gewordenen Augen
dein strahlendes Lächeln
Unendlich...
ist mein Verlangen
Deine faltige, warme Hand zu spüren
Weit...
Ist der neue Tag
der mich Dich wieder schauen lässt
Bald...
fühle ich wieder Deinen vertrauten Atem
fließt Dein ergrautes, weiches Haar
über mein Gesicht
Schon...
Wird es heller
wenn meine Sehnsucht Dich erreicht
Jetzt...
Kann die Nacht noch lange dauern
DU bist bei mir.

TRÄUME

Wie oft
sehnen wir uns
nach der Zeit
wo Müßiggang unseren Tagesablauf bestimmen
wird
doch kommt die Zeit
sehnen wir uns ganz sicher
nach der Hektik des Tages zurück.

ALTERSWEISHEIT

Erst im höheren Lebensalter
meint man
weise geworden zu sein
aus einem Kindermund formen sich
Worte
deren Reife
man erst im Alter versteht.

IRRTUM NICHT AUSGESCHLOSSEN

Ich nahm dich damals so an
wie du bist.

Heute bist du so
wie ich annahm
dass du so
nicht bist.

LESEZEICHEN

Damals
warst du
ein unbeschriebenes Blatt
heute
schreibe ich dir
schon wieder ein Gedicht
und finde keinen
Punkt.

LOGISCHE FOLGE

Es kommt meist anders
als man denkt
denkt man nicht
kommt es auch anders.

NEIN

Wenn du früher
NEIN
sagtest
hättest du besser
deine Augen offen lassen sollen
als deine Lippen
sich mir
entgegen streckten.

ZWISCHEN TÜR UND ANGEL

Nie hätte ich gedacht
dass ich mir an offenen Türen
den Kopf einrennen kann.

Jetzt muss ich mich fragen
warum ich so oft
vor verschlossenen Türen stand.

Vielleicht sollte ich besser
die Tür von außen zumachen
anstatt mit derselben
immer ins Haus zu fallen.

UMRUNDUNG

Mich stören
mich stören sie
keineswegs
die Gräben links
die Gräben links
unter der Mitte
und rechts
und rechts die
Fortsetzung wie
Schluchten und Täler
wie Berge und Höhen
so komme ich
auch
zum Gipfel
zum Gipfel mit
feuchtwarmer Hand am
haarlosen Leib
ich hätte dich sollen
du hättest mich sollen

wir hätten uns sollen
mich stören
mich stören sie
nicht
die Mücken
die Mücken
auf dampfender Haut
du bist so unglaublich
dingfest.

DER TRAUM...

von der ewigen
Jugend
ist sicher
ein sehr angenehmer
doch wüsste ich nicht
wie schön
dein graues Haupt
ausschauen kann
fällt der warme Strahl
der Abendsonne
darauf.

PSST !

Sage nicht
du würdest
deine sanften Wellen
deine tiefen Täler
deine wilden Schluchten
nicht lieben.

Sage nicht
ich würde
meine rauen Hände
meinen runden Bauch
meine faltige Stirn
nicht lieben.

Wir passen schon in diese Landschaft
wenn nicht du
dann
ich auch nicht.

WANDEL

In der Jugend
galt alles Bestreben
der Liebe
Mit zunehmendem Alter
ist man bestrebt
zu halten
was nie vollkommen war

WEISSE ROSEN

Die Farbe WEISS
ist eine Bitte
und ein stummes Dankeschön.

Noch einmal möchte ich geboren sein
an deiner Seite
als Bruder und Mann zugleich
mit dir die Kindheit verbringen
die Jugend Hand in Hand erfahren
die Liebe hundertfältig spüren
im Alter ergraut
auf ein erfülltes Leben zurückblicken
und dir zum Abschied
weiße Rosen schenken
für viele glückliche Lebensjahre.

Weiße Rosen
und ein stummes Dankeschön.

EIGENLOB

Meine Texte haben
Hand und Fuß
hätten sie nur Worte
wäre ich sicher kopflos.

INHALTSVERZEICHNIS

11 Erste Begegnung

12 Telepathie

13 Drei Lebensalter

14 Frühlingsanfang

15 Waldgang

16 Waldnacht

17 Warteland

18 Wenn der Nachtvogel schweigt

19 Herzdame

20 In meinem Denken

21 Erinnerung

22 Du

24 Parkplatzspiele

25 Schaf im Wolfspelz

26 Tausch

27 Ungerahmt

28 Und dann kamst du

29 Deine Ausstrahlung

30 Vorausschauender Rückblick

31 Eisbrecher

32 Ich bleibe

33 Ich rieche so gerne

34 Kompromiss

35 Erfreuliche Enttäuschung

36 Wenn du mich lässt

37 Falscher Ansatz

38 Fingerspiele

39 Tauschmanöver

40 Gefühlschaos

41 Annäherung

42 Dichterlos

43	Strategie
44	Funkenflug
46	Willenloses Fleisch
48	Erfahrungen
49	Dunkle Wolken
51	Flaute
52	Folge
53	Frühlingserwachen
54	Hitparade
55	Ich schenke dir
57	Alle Tage
58	Irrglaube
59	Gewollte Provokation
60	John Wayne ist verschwunden
62	Klare Worte
63	Krise
64	Kurz vor dem Einschlafen
65	Liebe ist wie ein Kartenspiel
66	Mairegen
68	Meine Zukunft
69	Fünf vor sieben
72	Nächste Liebe
73	Ruf
74	Russisch Brot
75	Schmerz
76	Streichel-Barrieren
77	Schmerz der Wahrheit
78	Seelenscherben
81	Teppichkaleidoskop
82	Unendlich traurig
83	Ungleichklang
84	Verständigung
85	Unsinnsgedicht

87	Vergeblicher Versuch
88	Wege
89	Wenn ich...
90	Betrachtungsweisen
91	Abend wieder
92	Am Ende des Tunnels
93	Aufgefangen
94	Aussichten
95	Bitterer Abend
96	Das letzte Wort
97	Deine Stimme
99	Ein Jahr weiter
101	Wunsch-Los
102	Extreme
103	Liebes Gedicht
104	Augenscheinlich
105	Anrede
106	Gezeiten
107	Herbstlicht
108	Im Krankenhaus
109	Träume
110	Altersweisheit
111	Irrtum nicht ausgeschlossen
112	Lesezeichen
113	Logische Folge
114	Nein
115	Zwischen Tür und Angel
116	Umrundung
118	Der Traum
119	Psst!
120	Wandel
121	Weisse Rosen
122	Eigenlob

Bisher erschienene Bücher des Autors

1 **Die Maus kann nicht fliegen**
   (Alltagslyrik) 1986

2 **Nie genug**
   (Gebrauchslyrik) 1988

3 **Hörst du meine Hände – Band 1**
   (Berufs -und sozialkritische Gedichte) 1991

4 **Hörst du meine Hände – Band 2**
   (erweiterte Auflage) 1995

5 **Wir lassen den Stau hinter uns – Band 1**
   (Abenteuerreise) 2013
   traveldiary.de   ISBN 978-3-944365-20-6

6 **Wir hatten keine Zeit uns zu beeilen – Band 2**
   (Abenteuerreise) 2014
   traveldiary.de   ISBN 978-3-944365-27-5

7 **Das Frühstück im Garten**
   (Heitere Gedichte und Kurzgeschichten) 2022
   BoD - Books on Demand   ISBN 978-756-23442-4

(Bücher 1 – 4 vergriffen)